FABIAN NEGRIN

SMS
Märchen
GRIMM & CO. IN 160 ZEICHEN

Aus dem Italienischen von
Rosemarie Griebel-Kruip

mixtvision

Im Wald
wohnte 1 Hexe.
Klopf, klopf!
Wer da?
Der Teufel!
Sie öffnete die Tür.
BUH!,
brüllte das Kind,
+ die Hexe starb vor Schreck.

Es war 1mal 1 braver Junge.
Komm an Bord!,
lockte der Pirat.
Ich muss nach Hause, Kapitän.
ESSEN!,
rief die Mutter.
Doch die 2 Piraten hatten
längst abgelegt.

Der Kaiser wünschte sich 1 Rhinozeros.
Woran erkenne ich es?, fragte der Jäger.
Am Horn vorm Hirn.
Am Hirn vorm Horn?
Du bringst alles durcheinander,
Hirnochse!

Nach langem Krieg ergab sich Weißer König.
Tötet mich!
Doch Schwarzer König schenkte ihm
Schlösser, Rösser, Edelsteine.
Die will ich nicht.

NEIN?

+ wieder war Krieg.

Es waren 1mal 2 Mädchen.
Die saßen unter 1 Tisch
+ wurden plötzlich zu Fröschen.
Wo bleibt der Prinz?, wollten sie fragen.
Aber man hörte nur QUAK QUAK QUAK QUAK!

1 Fee suchte die Liebe.
Sie küsste 1 Blatt.
Bist du die Liebe? Nein!
Sie küsste 1 Stein. + du? Nein!
1 Giftpilz erwiderte: Vielleicht.
Da küsste sie ihn wieder + wieder.

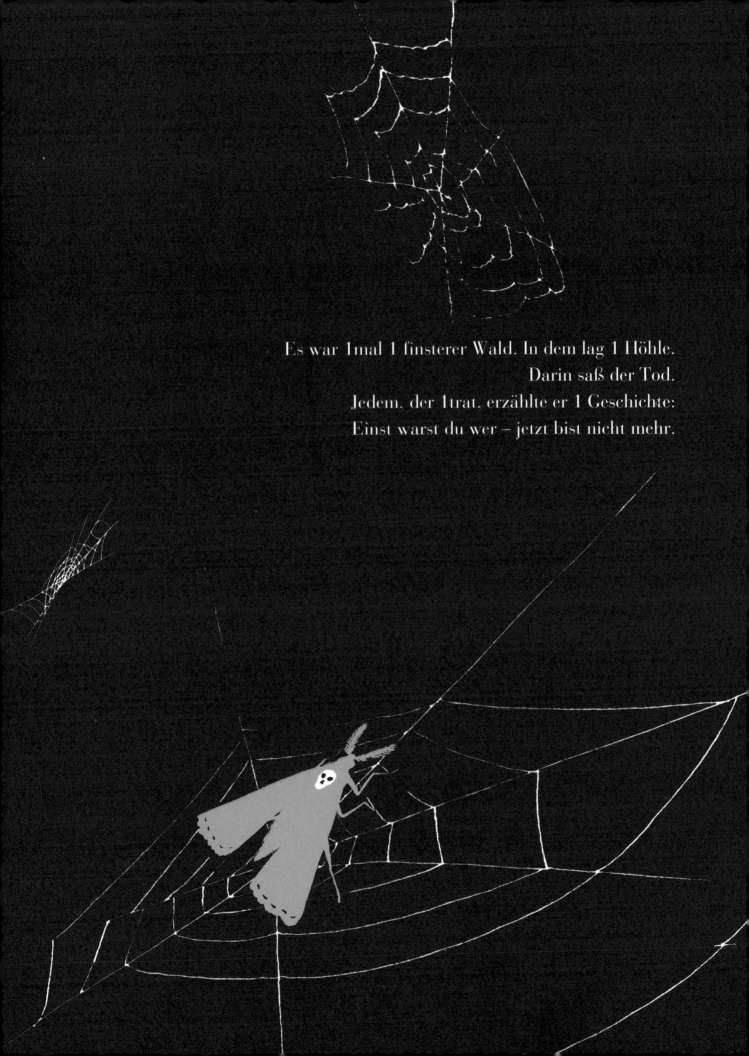

Es war 1mal 1 finsterer Wald. In dem lag 1 Höhle.
Darin saß der Tod.
Jedem, der 1trat, erzählte er 1 Geschichte:
Einst warst du wer – jetzt bist nicht mehr.

Es war 1mal 1 Kind,
das glaubte nicht an Wölfe.
Im Wald begegnete es 1 Tier.
Platz!, befahl es.

GRRR!

knurrte der Wolf + verschlang es.
Er glaubte nicht an Kinder.

Es war 1mal 1 Prinzessin, die schlief seit 100 Jahren.
In 1 N8 küsste 1 verliebter Prinz sie wach.
Du bist der Mann meiner Träume, seufzte sie, + schlief weiter.

Am Ausgang 1 Schule stand 1 Ungeheuer
+ fraß alle Kinder.
Die Lehrer weinten:
Ohne Arbeit werden wir verhungern.
Gerührt lud das Ungeheuer
sie zum Bankett.

Viele große Bäume verliefen sich im Wald.

Es war so finster + auch so bitterkalt.

Da kamen Hänsel + Gretel

+ brachten alle wohlbehalten nach Hause zurück.

Wer ist
die Schönste
im ganzen
Land?
Der Spiegel
schwieg.
Sag es mir!
Stille.
Zerstört ihn!
Der Henker
zerschlug
den Spiegel
+ die Königin
zersprang
in 1000
Stücke.

Bin wieder da!, schrie die Hexe.
Das Kind las weiter.
Sie schlüpfte in sein Bett.
Hast du Angst?
Gute N8, Alte!
+ es sperrte die Hexe ins Buch.
Für immer!

MACHT MIT!

Schreibt ein eigenes Märchen
mit 160 Zeichen und schickt es
uns als SMS an
0172 - 140 47 36.

Als Dank erhaltet ihr
ein 14. Märchen mit dem Titel:

„Von der Prinzessin, die mit der Stimme einer Nachtigall sang"

Wir freuen uns auf eure Nachrichten!
Die schönsten Märchen werden wir auf unserer Homepage präsentieren.

www.mixtvision-verlag.de

Teilt euer Märchen auch auf Facebook
und schaut, was andere zu erzählen haben.
www.facebook.com/smsMaerchen

Es gelten die netzinternen SMS-Kosten,
weitere Gebühren fallen nicht an.

Titel der Originalausgabe: Favole al telefonino
von Fabian Negrin
© 2010 orecchio acerbo s.r.l., Rom
Grafik: orecchio acerbo, www.orecchioacerbo.com

Für die deutschsprachige Ausgabe:
© mixtvision Verlag, München 2012
www.mixtvision-verlag.de
Alle Rechte vorbehalten.
Übersetzung: Rosemarie Griebel-Kruip
Satz: Hanna Löhr

Druck und Bindung: Grafisches Centrum Cuno, Calbe
ISBN: 978-3-939435-44-0